ALPHABET

DES ENFANS
DU BON DIEU,

AVEC LES MOTS

DIVISÉS PAR SYLLABES,

AUGMENTÉ

des Prières à réciter pendant la Messe.

à Bar-le-Duc,

CHEZ F. GIGAULT D'OLINCOURT,
Lithographe et Imprimeur-Libraire,
Rue Rousseau, N.° 19.

1832.

IMPRIMERIE

DE

F. GIGAULT D'OLINCOURT,

A BAR-LE-DUC.

TUVW
XYZ.

abcdef
ghijkl
mnopqrs

tuvwxyz.

Chiffres arabes.

0123456789.

Chiffres romains.

I, II, III, IV, V, VI,
VII, VIII, IX, X, XX,
XL, L, LX, C, D, M.

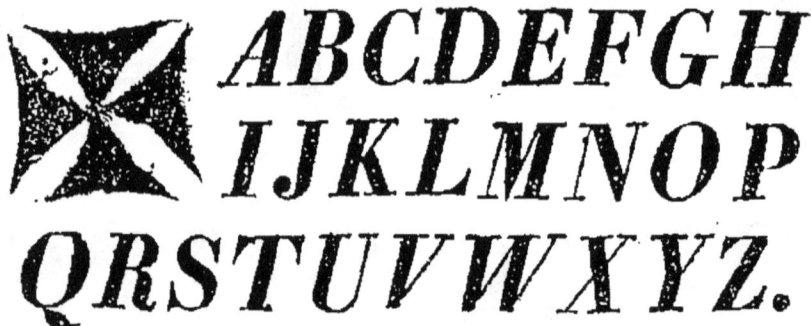

*ABCDEFGH
IJKLMNOP
QRSTUVWXYZ.*

*a b c d e f g h i
j k l m n o p q r
s t u v w x y z.*

Voyelles.
A E I O U
Consonnes.
B C D F G J K L M N
P Q R S T V X Z.
H Y.
Lettres doubles.
œ æ fi ffi fl ffl ff w.

ç à é è ê â î ô û '!?:,;.

Syllabes.

ba	be	bi	bo	bu
ca	ce	ci	co	cu
da	de	di	do	du
fa	fe	fi	fo	fu
ga	ge	gi	go	gu
ha	he	hi	ho	hu
ja	je	ji	jo	ju
ka	ke	ki	ko	ku
la	le	li	lo	lu

ma	me	mi	mo	mu
na	ne	ni	no	nu
pa	pe	pi	po	pu
qua	que	qui	quo	qu
ra	re	ri	ro	ru
sa	se	si	so	su
ta	te	ti	to	tu
va	ve	vi	vo	vu
xa	xe	xi	xo	xu
za	ze	zi	zo	zu

COMBINAISONS
d'une voyelle précédée et suivie d'une consonne.

Bab beb bib bob bub
Bac bec bic boc buc
Bad bed bid bod bud
Baf bef bif bof buf
Bag beg big bog bug

COMBINAISONS
d'une voyelle précédée de deux ou trois consonnes ou voyelles.

Bla ble bli blo blu
Bra bre bri bro bru

Chra chre chri chro chru
Cla cle cli clo clu
Dra dre dri dro dru
Fla fle fli flo flu
Fra fre fri fro fru
Gla gle gli glo glu
Gna gne gni gno gnu
Gra gre gri gro gru
Gua gue gui guo guu
Pla ple pli plo plu
Pra pre pri pro pru

Spa spe spi spo spu
Sta ste sti sto stu
Tla tle tli tlo tlu
Tra tre tri tro tru
Vra vre vri vro vru

COMBINAISONS
de diverses syllabes pour la formation des mots.

Aai ail au ei eil eu euil la œil œu œuf oi ou ouil oy va vin tren pua cin soi sep als

esr ust foi ims ods
ours joug cerf loir
bœuf chat daim loud
seml vrai yeux.

Mots divisés par syllabes.

pa pa
ma man
fan fan
do do
jou jou
tou tou

bon bon
din don
se rin
pa vé
cou teau
bon net
cor don
cou sin
sou lier
jar din

pois son
por trait
ta bleau
mar chand
a bri cot
ba lan ce
ar ti chaut
car ros se
ser vi teur
bil bo quet

vi va ci té
cou ver tu re
heu reu se ment
im po li tes se
il lu mi na ti on

La ro se em-
bau me; le char-
don pi que; l'é-
pi ne bles se.

Le de voir d'un

en fant est d'o bé-
ir à ses pa rens, de
cher cher tout ce
qui peut leur fai-
re plaisir.

Les hom mes ont
é té faits pour s'ai-
mer ; ils sont ré u-
nis en so ci é té
pour se ren dre

ser vi ce les uns aux au tres.

La sa ges se d'un en fant le rend plus ai ma ble.

Dieu a tout fait; il pu nit les mé chans; il ré com pen se les bons.

Ho no rez vo tre pè re et vo-tre mè re a fin que vous soy ez heu reux et que vous vi viez long-temps sur la ter re.

Por tez hon neur et res pect

à ceux qui ont les che veux blancs.

La crain te du Sei gneur est le com men ce ment de la sa- ges se.

Nous pa raî trons tous au tri bu nal de Dieu, et cha cun ren dra comp te de ses ac ti ons.

E cou tez a vec do ci li té ce que l'on vous dit, a fin de le bien com pren dre et de don- ner u ne ré pon se sa ge et jus te.

L'O rai son Do mi ni ca le.

No tre pè re qui ê tes dans les cieux, que vo tre nom soit sanc ti fi é, que vo tre rè gne ar ri ve, que vo tre vo lon té soit fai te en la ter re com me au ciel, don nez-nous au jour-d'hui no tre pain de cha que jour, et nous par don nez nos of fen ses com me nous par don-nons à ceux qui nous ont of-fen sé, et ne nous lais sez pas suc com ber à la ten ta ti on; mais dé li vrez-nous du mal.

Ain si soit-il.

La Sa lu ta ti on An gé li que.

Je vous sa lue, Ma rie plei ne de grâ ce, le Sei gneur est a vec vous, vous ê tes bé nie par des-sus tou tes les fem mes, et Jé-sus, le fruit de vos en trail les, est bé ni.

Sain te Ma rie, Mè re de Dieu, pri ez pour nous, pau vres pé- cheurs, main te nant et à l'heu re de no tre mort. Ain si soit-il.

Le Symbole des Apôtres.

JE crois en Dieu le Pè re tout-puis sant, Cré a teur du ciel et de la ter re, et en Jé sus-Christ son fils u ni que No tre Sei gneur, qui a é té con çu du Saint-Es- prit, qui est né de la Vier ge Ma- rie, qui a souf fert sous Pon ce Pi la te, a é té cru ci fi é, est mort, a é té en se ve li, est des- cen du aux en fers, est res sus- ci té des morts le troi si è me jour, est mon té aux cieux, est assis à la droite de Dieu le Père Tout-puissant, d'où il viendra juger les vivans et les morts.

Je crois au Saint-Esprit, la sainte Eglise catholique, la communion des Saints, la rémission des péchés, la résurrection de la chair, la vie éternelle. Ainsi soit-il.

La Confession des péchés.

Je me confesse à Dieu Toutpuissant, à la bienheureuse Marie toujours Vierge, à Saint Michel Archange, à Saint Jean Baptiste, aux Apôtres Saint Pierre et Saint Paul, à tous les Saints, parce que j'ai beaucoup pé ché par ac ti on. J'ai pé ché par ma fau te, par ma fau te, par ma très-gran de fau te. C'est pour quoi je sup plie la bien-heu se Ma rie tou jours Vier ge, Saint Mi chel Ar chan ge, Saint Jean Bap tis te, les A pô tres Saint Pier re et Saint Paul, et tous les Saints, de pri er pour moi le Sei gneur no tre Dieu.

Bé né dic ti on a vant le re pas.

O Dieu! qui nous don nez les biens né ces sai res pour nour rir no tre corps, dai gnez y ré pan-dre vo tre sain te bé né dic tion, et nous fai tes la grâ ce d'en u-ser so bre ment.

Au nom du Père, et du Fils, et du Saint-Esprit.

Action de grâces après le repas.

Seigneur, nous vous rendons nos très-humbles actions de grâces des biens que vous nous avez donnés pour la nourriture de notre corps ; qu'il vous plaise de nourrir aussi notre âme de votre grâce, dans l'espérance de la vie éternelle. Par Jésus-Christ notre Seigneur.

Prière pour les Trépassés.

Que les Ames de nos parens,

de nos a mis, et de tous les fi-
dè les qui sont morts, re po-
sent en paix par la mi sé ri cor-
de de Dieu.

Les Com man de mens de Dieu.

Un seul Dieu tu a do re ras
Et ai me ras par fai te ment.
Dieu en vain tu ne ju re ras
Ni au tre cho se pa reil le ment.
Les Di man ches tu gar de ras,
En ser vant Dieu dé vo te ment.
Pè re et mè re ho no re ras
A fin de vi vre lon gue ment.
Ho mi ci de tu ne se ras
De fait ni vo lon tai re ment.
Lu xu ri eux point ne se ras
De corps ni de con sen te ment.

Le bien d'autrui tu ne prendras
Ni retiendras à ton escient.
Faux témoignage ne diras
Ni mentiras aucunement.
L'œuvre de chair désireras
En mariage seulement.
Biens d'autrui ne convoiteras
Pour les avoir injustement.

Les Commandemens de l'Eglise.

Les fêtes tu sanctifieras
Qui te sont de commandement.
Les Dimanches Messe entendras
Et les Fêtes pareillement.
Quatre Tems, Vigiles, jeûneras
Et le carême entièrement.

Tous tes péchés confesseras
A tout le moins une fois l'an.
Ton Créateur tu recevras
Au moins à Pâques humblement.
Vendredi chair ne mangeras
Ni le samedi mêmement.

Devoirs des enfans envers leurs Pères et Mères.

1. Les enfans doivent honorer leurs Pères et Mères en tout âge et en tout état.

2. Ils doivent leur obéir en toutes choses où Dieu n'est point offensé.

3. Ils doivent les aimer et

les res pec ter, aus si bien dans les châ ti mens que dans les ca-res ses.

4. Ils doi vent é vi ter a vec grand soin de les at tris ter, ou de les met tre en co lère.

5. Ils doi vent les as sis ter dans leur pau vre té, jus qu'à tout ven dre pour ce la.

6. Ils doi vent a près leur mort, pri er et fai re pri er Dieu pour le re pos de leurs â mes, e xé cu ter ponc tu el le ment leurs der ni è res vo lon tés.

Saint Paul aux E phé si ens.
Chap. 6. v. 2.

Ho no rez vo tre pè re et votre Mère, et c'est là le premier Commandement auquel Dieu a attaché une promesse de récompense pour ceux qui l'observeront, qui est, qu'ils seront heureux, et vivront long-temps sur la terre.

COURTES PRIÈRES

DURANT

LA MESSE,

A l'usage des Enfans.

En entrant dans l'Eglise.

Que ce lieu est terrible et vénérable ! c'est ici la maison de Dieu et la porte du ciel. Faites, Seigneur, que je sois dans le respect, et que je tremble à la vue de votre sanctuaire.

En pre nant de l'eau bé ni te.

Mon Dieu, ré pan dez en moi l'eau de vo tre grâ ce pour me pu ri fi er de plus en plus, a fin que les a do ra ti ons que je viens vous pré sen ter, vous soient a-gré a bles.

A vant que la Mes se ne soit commen cée.

Je viens, ô mon Dieu, pour as sis ter au saint Sa cri fi ce; donnez-moi vo tre grâ ce, a fin que j'y as sis te a vec u ne foi vi ve, un a mour ar dent, et u ne hu-mi li té pro fon de.

Pen dant que le Pré tre est au bas de l'au tel.

J'ai pé ché, mon Dieu, je ne suis pas di gne de le ver les yeux au ciel ni de re gar der vo tre Au tel pour vous a do rer ; mais que tous les Saints vous prient pour moi. Je vous de man de grâ ce, ô mon Dieu Tout-puis-sant : fai tes-moi mi sé ri cor de, m'ac cor dez le par don de mes pé chés, par Jé sus-Christ No-tre Sei gneur.

Le Pré tre é tant mon té à l'au tel.

Pè re cé les te, qui ê tes Dieu, a yez pi ti é de nous : Es prit Saint, qui ê tes Dieu, a yez pi ti é de nous.

Au Glo ri a in ex cel sis

Je vous a do re, ô Pè re cé- les te, vous ê tes le sou ve rain Sei gneur, le Roi du ciel, le Dieu Tout- puis sant. Je vous a do re aus si, ô mon Jé sus, mon Sau- veur, vous ê tes le seul Saint, le seul Seigneur, le Très-haut, a vec le Saint-Es prit en la gloi re de Dieu le Pè re.

Pen dant les O rai sons.

Dieu Tout-puis sant, fai tes- nous la grâ ce d'a voir l'es prit tel le ment rem pli de sain tes

pen sées, que tou tes nos pa ro-
les et nos ac ti ons ne ten dent
qu'à vous plai re. Par Jé sus-
Christ No tre Sei gneur.

A l'E pî tre.

Fai tes-moi, mon Dieu, la grâce d'ai mer vo tre sain te pa ro le,
d'en ap pren dre les vé ri tés, et
d'en pra ti quer les pré cep tes
dès mon en fan ce.

A l'E van gi le.

Sei gneur, bé nis sez mon esprit, ma bou che, mon cœur,
de sor te que mes pen sées, mes
pa ro les et mes ac ti ons soient
ré glées par vo tre E van gi le,

et que je sois toujours prêt à marcher dans la voie des saints Commandemens qu'il contient.

Au Credo.

Augmentez ma foi, Seigneur, rendez-la agissante par la charité, faites-moi la grâce de vous être fidèle jusqu'à la mort, afin que je reçoive la couronne de vie.

A l'Offrande.

O Dieu, qui dites dans votre parole, *donnez-moi votre cœur*, je vous offre le mien en même tems que le Prêtre vous offre ce pain et ce vin ; je vous of fre aus si mon cœur : fai tes que ce corps et cet te â me soient u ne hos tie vi van te, sain te et a gré a ble à vos yeux.

Lors que le Prê tre la ve ses mains.

La vez-moi, Sei gneur, dans le sang de l'A gneau sans tache, pour effa cer de mon corps et de mon â me les moin dres ta ches du pé ché.

A l'O ra te Fra tres

Que le Sei gneur veuil le rece voir ce saint sa cri fi ce pour sa gloi re, pour mon sa lut, et pour l'u ti li té de tou te son E gli se.

A la Préface.

Elevez, Seigneur, mon cœur au ciel, afin que je vous y adore avec les Anges, en disant comme eux, Saint, Saint, Saint, le Seigneur, le Dieu des armées, les cieux et la terre sont remplis de la majesté de votre gloire.

Après le Sanctus.

Mon Dieu, défendez votre Eglise contre tous ses ennemis visibles et invisibles : conduisez par votre grâce notre saint Père le Pape, notre Evêque, les autres Pasteurs à qui vous avez confié le soin des âmes : bénissez mes parens, mes bienfaiteurs, et mes amis, particulièrement. N.ᵃ *Il faut ici penser aux personnes pour qui on est obligé de prier.*

Avant la Consécration.

Nous vous prions, Seigneur, que votre juste colère étant apaisée, vous receviez favorablement l'offrande que nous allons vous présenter : donnez-nous la paix pendant le reste de nos jours, et nous mettez au nombre de vos Elus.

A l'E lé va ti on de l'Hos tie.

C'est là vo tre Corps, ô mon di vin Sau veur, je le crois, par ce que vous l'a vez dit, j'a do re ce Corps sa cré a vec u ne hu mi li té pro fon de; je l'of fre à vo tre Pè re pour mon sa lut.

A l'E lé va ti on du Ca li ce.

C'est-là vo tre Sang, ô mon Dieu, ce Sang a do ra ble qui a é té ré pan du pour la ré mis si on de mes pé chés; que je crois aus si tou jours prêt à ré pan dre le mien pour vo tre gloi re.

A près l'E lé va ti on.

Fai tes-moi la grâ ce, ô mon

Dieu, de me sou ve nir tou jours que ce Corps sa cré, qui est main te nant pré sent sur l'au tel, a é té li vré à la mort, et que ce di vin Sang, qui est dans le pré ci eux Ca li ce, a é té ré pan du pour mon sa lut, a fin que je vous ser ve tou te ma vie a vec ar deur : sou ve nez-vous aus si de cet te mort, a fin que vous me par don niez mes pé chés a vec mi sé ri cor de.

Au Me men to *des Morts.*

Sou ve nez-vous, Sei gneur, de vos ser vi teurs et de vos ser van tes, qui sont morts dans la foi, et qui dor ment du som meil de la paix, et par ti cu li è re ment de N. *Il faut i ci pen ser aux Morts pour qui l'on est o bli gé de pri er.* Par don nez-leur, ô mon Dieu, le res te de leurs péchés, et leur ac cor dez vo tre saint pa ra dis, a fin qu'ils se re po sent par fai te ment de leurs tra vaux et de leurs pei nes.

Au No bis quo que pec ca to ri bus.

Sei gneur, a yez pi tié de moi, qul suis un mi sé ra ble pé cheur, et dai gnez, no nobs tant mon in di gni té, m'ac cor der le re pos é ter nel a vec tous vos Saints.

A la se con de E lé va ti on.

Re ce vez, ô mon Dieu, cet te

of fran de du corps et du sang de vo tre Fils ; ren dez-moi par ti-ci pant des mé ri tes de sa mort. Pè re cé les te, a vec lui, par lui, et en lui, vous ap par tient tou te la gloi re et la lou an ge.

Au **Pa ter.**

Il faut di re : No tre Pè re qui ê tes dans les cieux, etc.

A près le **Pa ter.**

Dé li vrez-nous, Sei gneur, par vo tre bon té, de tous les maux pas sés, pré sens et à ve nir, et as-sis tez-nous du se cours de vo tre mi sé ri cor de, a fin que nous ne soy ons ja mais es cla ves du pé-ché.

*A l'*Agnus Dei.

Agneau de Dieu, qui effacez les péchés du monde, ayez pitié de nous.

Agneau de Dieu, qui effacez les péchés du monde, ayez pitié de nous.

Agneau de Dieu, qui effacez les péchés du monde, donnez-nous la paix.

Au Domine, non sum Dignus.

Seigneur, je ne suis pas digne que vous entriez dans mon cœur, mais vous pouvez me délivrer de mon indignité; dites seulement une parole et mon âme sera guérie.

O mon doux Jésus, qui désirez si ardemment de vous unir à nous, je vous offre mon cœur pour vous y recevoir comme mon Dieu.

Lorsque le Prêtre communie.

Que votre Corps, ô mon divin Rédempteur, et votre Sang précieux purifient mon corps et mon âme, qu'ils me fortifient et me nourrissent sur la terre, jusqu'à ce que je sois rassasié de votre présence dans le ciel.

Après la Communion.

Mon Dieu, ne laissez pas rentrer dans mon âme le péché que

vous y avez détruit par le Baptême; que Jésus-Christ mon Sauveur vive toujours en moi, et que je sente sa divine présence en faisant des actions conformes à celles qu'il a faites, lorsqu'il était sur la terre.

A la Bénédiction.

Que Dieu Tout puissant nous bénisse; le Père, le Fils, et le Saint-Esprit. Ainsi soit-il.

Au dernier Evangile.

Jésus, mon Sauveur, vous êtes le Fils unique de Dieu; vous êtes Dieu comme le Père et le Saint-Esprit; cependant pour nous sauver, vous êtes venu au mon de, vous a vez souf fert la mort; vous vous ren dez pré sent sur le saint Au tel. O que vous nons ai mez par fai te ment ! Je veux aus si vous ai mer de tout mon cœur, et vous ser vir tous les jours de ma vie.

Pri è re à la sain te Vier ge, qu'on peut ré ci ter de vant son image.

Vier ge Sain te, Mè re de mon Sau veur Jé sus - Christ; je me pros ter ne hum ble ment à vos pieds, dans les sen ti mens de la plus vi ve con fian ce, pour vous sup pli er de je ter un re gard favo ra ble sur moi, pau vre et infir me, rem pli de mi sè res spi ri tu el les qui m'ac ca blent, a fin que par vo tre in ter ces si on je puis se ob te nir de mon Dieu les grâ ces qui me sont né ces sai res pour vi vre et mou rir dans son saint a mour.

Sain te Ma rie, Mè re de Dieu, pri ez pour nous, pau vres pécheurs; main te nant et à l'heu re de no tre mort. Ain si soit-il.

CAN TI QUE

Et In vo ca ti on à la Très-Sain te Vier ge.
Sur l'air : *Pour aller à la chasse*, etc.

Je mets ma con fi an ce,
Vier ge, en vo tre se cours

Servez-moi de défense,
Prenez soin de mes jours;
Et quand ma dernière heure
Viendra fixer mon sort,
Qu'en votre nom je meure
De la plus sainte mort.

PRIÈRE

A son Ange Gardien.

Mon Saint Ange Gardien à qui Dieu, par une bonté particulière, a confié le soin de mon salut, éclairez mon esprit pour connaître le bien que je dois faire; animez mon cœur pour le pratiquer; fortifiez-moi dans mes tentations; défendez-moi contre les ennemis de mon salut, et me conduisez dans le chemin du ciel.

Ainsi soit-il.

FIN.

www.ingramcontent.com/pod-product-compliance
Lightning Source LLC
Chambersburg PA
CBHW060936050426
42453CB00009B/1038